Paul et Marguerite

W0389100

Coco le virus

le coronavirus expliqué aux enfants

LAROUSSE

UNE ÉQUIPE AU SERVICE DES ENFANTS !

La crise du coronavirus est arrivée très vite...

... et a mis les habitants de nombreux pays dans des situations qu'ils ne connaissaient pas.
Les enfants, encore plus que les adultes...

... avaient de quoi être complètement perdus !

C'est pour aider les familles à traverser la crise que les histoires Coco le Virus ont été créées.

Elles ont été écrites jour après jour par Paul...

... et sa sœur Marguerite qui a fait les dessins.

Des personnes formidables leur ont proposé de l'aide pour traduire dans d'autres langues,

faire un site internet,

des vidéos, des activités,

et encore plein d'autres choses !

Paul, Marguerite et cette joyeuse équipe ont été heureux de pouvoir proposer ces histoires à beaucoup d'enfants.

Comme d'autres groupes de gens qui ont lancé d'autres initiatives,

ils ont montré qu'en unissant nos forces,

nous sommes capables de faire naître d'une crise de belles choses !

SOMMAIRE

LE COCONFINEMENT

Ça y est, les spécialistes l'ont dit :

Le confinement, c'est un mot bizarre réservé aux adultes. Les enfants ont un mot bien plus joli, qui veut dire la même chose :

En fait, les spécialistes ont pensé que la meilleure façon d'empêcher Coco le virus de rencontrer tout le monde, c'est de demander à tout le monde de ne pas aller à la rencontre de Coco.

Tu sais que pour devenir un beau papillon, la chenille a besoin de se construire un cocon douillet.

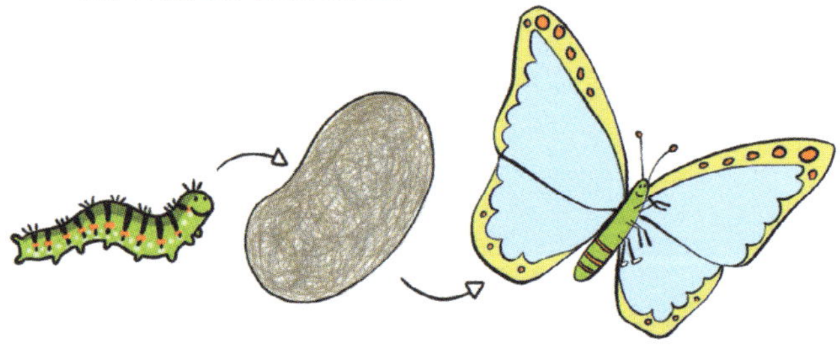

Isolée du reste du monde dans son cocon, elle est protégée et a tout son temps pour s'occuper d'elle et se transformer en beau papillon.

Alors, comme la chenille, chacun peut se faire un cocon pour laisser Coco s'ennuyer dehors !

Ton cocon à toi, c'est ta maison ou ton appartement, et c'est mieux que la chenille parce que tu n'y es pas tout seul !

Tu peux faire plein de choses et profiter de ta famille.

Toutes les personnes, toutes les familles, se fabriquent leur cocon anti-Coco. C'est ça le coconfinement.

Les spécialistes ont demandé à tout le monde de ne pas sortir de son cocon sauf pour :

- aller travailler;
- faire des courses importantes;
- aller voir un médecin;
- faire du sport.

Avec ça, Coco va rapidement se retrouver bien seul, et c'est tant pis pour lui !

Alors les spécialistes nous diront que le coconfinement est terminé. Nous quitterons nos cocons et, comme la chenille devenue papillon, nous découvrirons une liberté nouvelle...

LA CRÉATIVITÉ

Il y a quelque chose qui fait peur à certaines personnes. Ce sont les

LIMITES

Les spécialistes ont installé des limites pour empêcher Coco et sa bande d'affreux de passer.

Non, ces limites ne sont pas des murs comme celui-ci, bien sûr. Ce sont les règles anti-Coco que tu connais déjà…

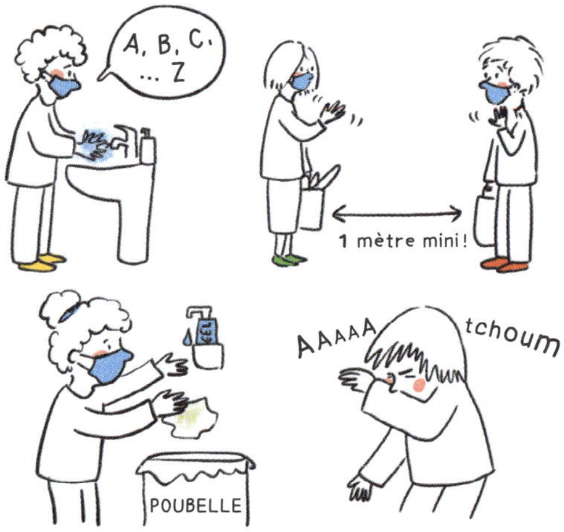

… et surtout, c'est le coconfinement.

Nous n'avons pas tous peur des limites parce que nous savons qu'elles sont une occasion d'inventer de nouvelles choses. Peut-être que tu connais Monsieur Braille, qui avait une limite qui ne lui permettait pas de lire : il était aveugle.

Monsieur Braille a inventé une manière d'écrire avec des petites bosses sur le papier, ce qui permet aujourd'hui à toutes les personnes qui ne peuvent pas voir, de lire avec leurs doigts !

Pas mal, non ? Toi aussi, dans ton cocon, tu peux imaginer comment dépasser la limite de ne pas pouvoir faire ce que tu veux à l'extérieur. On appelle cela

Inventer des jeux...

... des nouvelles recettes...

... écrire des poésies...

... préparer des cadeaux pour toutes les personnes que tu connais...

... et encore plein d'autres choses ! Moi, Marguerite, je suis très heureuse de faire ces dessins pour toi, enfant, qui te trouves dans ton cocon quelque part. Je te propose de montrer ta créativité en dessinant Coco le virus et sa bande d'affreux comme tu les imagines.

Montre ensuite ton dessin à ceux qui vivent dans le même cocon que toi !

SUPER-HÉROS

Je pense que tu connais plein d'histoires de super-héros.

Ils sont drôlement forts avec leurs super-pouvoirs !

Mais ces super-héros-là, ils ne nous aident pas beaucoup à faire partir Coco le super-zéro...

Non. En fait il existe autour de nous d'autres super-héros au sujet desquels on n'écrit pas assez d'histoires.
Les héros et les héroïnes qui soignent les personnes que Coco a rendues malades, comme :

les médecins,

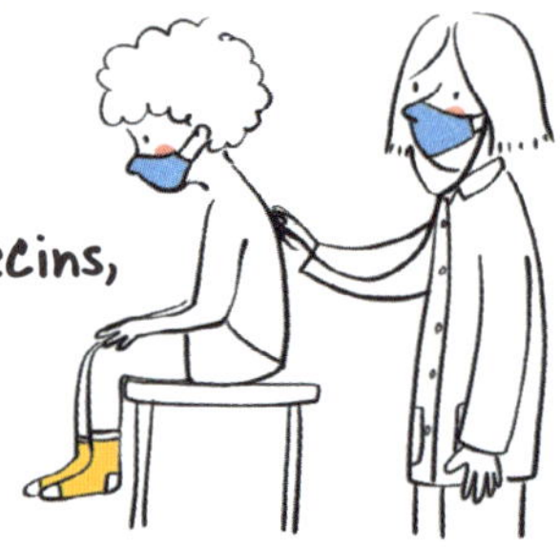

les infirmiers, les infirmières, les aides-soignants et les aides-soignantes...

... et tous les gens qui travaillent à leurs côtés pour leur donner le matériel dont ils ont besoin.

Il y a aussi tous ces scientifiques qui, partout dans le monde, cherchent le meilleur vaccin contre Coco le super-zéro.

Et ce n'est pas fini ! Ceux qui continuent de travailler pour nous permettre d'avoir dans nos cocons : de l'eau...

... de la nourriture...

... de l'électricité...

... internet, la radio, la télé, le téléphone...

Toutes ces personnes sont aussi les merveilleux super-héros du coconfinement, parce que sans elles, il nous manquerait vite beaucoup de choses.

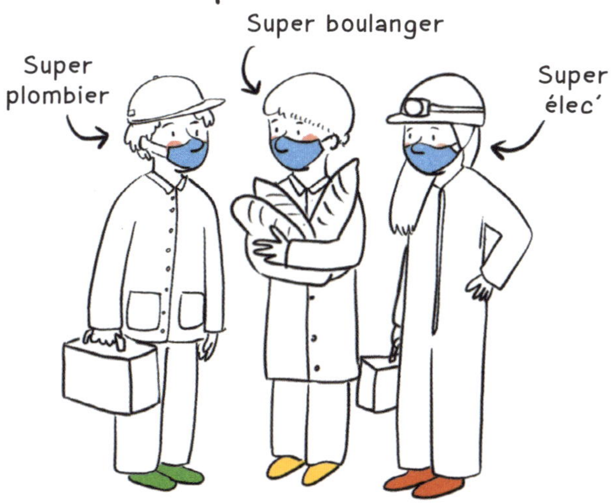

Il est impossible de lister tous les super-héros et héroïnes anti-Coco super-zéro : il y en a encore tellement d'autres !
Et certains disent que les enfants avec leur super-patience en sont aussi...

Et lui, le connais-tu ?

L'ÉCOLE À LA MAISON

Les enseignants et enseignantes, les instituteurs et institutrices font preuve d'une créativité merveilleuse pour que tous les élèves du pays puissent avoir l'école à la maison. Autrement dit :

Pour eux, c'est un sacré travail parce que la plupart ont eux-mêmes leurs propres enfants dont ils doivent s'occuper dans leur cocon !

Mais comme ils croient que savoir est un grand trésor dont Coco et sa bande d'affreux super-zéros ne doivent pas priver les élèves, ils sont prêts à travailler encore plus que d'habitude.

Alors ils deviennent réalisateurs de films et font leurs cours en vidéo...

... ils envoient des messages par internet...

… téléphonent à leurs élèves régulièrement…

… et se débrouillent même pour corriger les devoirs !

Heureusement, dans la plupart des cocons, les parents se chargent de faire apprendre les leçons à leurs enfants.

Ils découvrent parfois que leurs enfants ne sont pas aussi sages qu'ils le croyaient, et ils révisent en même temps des choses qu'ils avaient oubliées !

Grâce à la créativité, l'énergie et le courage des maîtres et des maîtresses, et à la détermination des parents, Coco le virus n'empêchera pas les enfants d'apprendre !

Il nous faudra être reconnaissants pour le mal que se sont donné les maîtres et maîtresses. Peut-être en leur montrant que nous avons bien appris nos leçons et fait notre travail ?

LE TÉLÉ-TRAVAIL

Pour beaucoup de parents, pendant le coconfinement, il y a cette chose qu'ils ne connaissaient pas avant :

Quel mot étrange… Est-ce que ça veut dire que l'on travaille en regardant la télé ?

Eh non, pas du tout ! Personne ne travaillerait bien en regardant la télé.

En fait, lorsque l'on parle de la « télé », c'est un raccourci du mot « télévision », cet objet qui permet de voir à distance.

De la même manière, faire du télétravail, c'est travailler à distance du bureau où l'on travaille habituellement.

Les responsables du pays ont demandé à tous ceux pour qui cela était possible de continuer à travailler depuis leurs cocons…

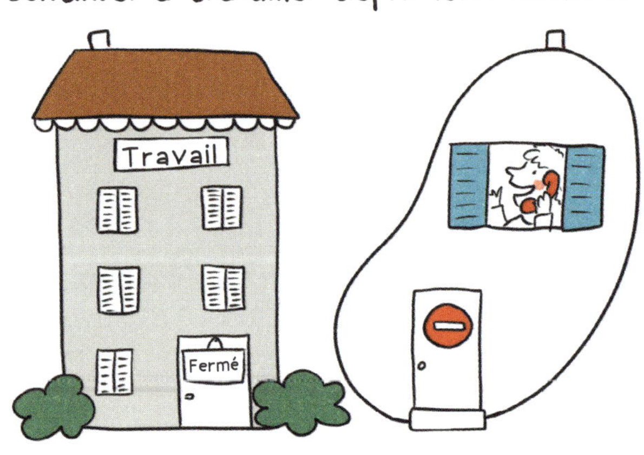

Alors, dans de nombreux cocons, c'est comme ça que cela se passe maintenant : les parents font l'écocole…

… les tâches ménagères…

… trouvent des nouvelles activités pour leurs enfants…

… et essaient de s'isoler comme ils le peuvent avec leur ordinateur et leur téléphone (objet qui permet, lui, de parler à distance).

Ce sont pour ces parents des journées bien chargées, et parfois le soir, leurs enfants peuvent sentir qu'ils sont fatigués.

Ces parents qui télétravaillent sont courageux. Mais finalement, peut-être que certains trouvent cela plus agréable que le travail au bureau comme ils font d'habitude ?

En tout cas, quelle chance que Coco et sa bande de super-zéros ne les privent pas de leur métier !

LA PEUR

Oh ! la la... Ma tante Flavie, qui est médecin, a tellement soigné de monde qu'elle a fini par attraper Coco le virus.

Maintenant, elle est malade à son tour, et ne peut plus soigner personne. D'abord parce qu'elle est trop fatiguée, mais aussi parce qu'elle pourrait donner Coco aux personnes qui viennent la voir.

Alors elle reste dans sa chambre chez elle, à l'écart de mon oncle et de mes cousines.

Ça fait peur, on dirait qu'elle est fâchée et qu'elle ne veut plus voir sa famille... Mais en fait, c'est grâce à ça que mon oncle et mes cousines ne sont pas tombés malades.

Ça me rassure. Mais je me suis quand même demandé :

Parce qu'à la radio, j'ai entendu...

Alors, Coco et sa bande d'affreux super-zéros tuent des gens ?!?

Je t'explique :

Malheureusement, il y a en effet des personnes plus fragiles que les autres que Coco peut rendre vraiment très malades. Par exemple, les personnes âgées, ou celles qui ont déjà une autre maladie.

Dans ce cas, elles sont accueillies pour être soignées à l'hôpital, parce que l'hôpital a des spécialistes et du matériel utile.

Mais parfois, ça ne suffit pas, et il arrive que certaines personnes ne réussissent pas à guérir, et meurent.

C'est triste, il faut penser très fort à elles. Mais il faut bien se rappeler aussi que la plus grande partie des gens que Coco rend malades guérissent tout seuls !

Et ta tante Flavie, la super-médecin, fait sans doute partie de ces personnes qui guérissent en attendant patiemment plusieurs semaines.

Alors, c'est normal d'avoir peur mais rassure-toi, aie confiance, tante Flavie ira mieux rapidement, puis elle pourra recommencer à soigner les gens, comme avant !

Et voici un beau bouquet de cocoquelicots pour tous ceux qui sont tombés malades en soignant les autres.

Tu connais sûrement des personnes qui ne sont pas d'accord les unes avec les autres...

... ou qui ont des avis différents.

C'est comme ça. Mais souvent dans le passé et encore aujourd'hui, ces désaccords ont conduit les gens dans des situations terribles :

des guerres

des séparations

... et encore plein d'autres choses tristes que les professeurs d'Histoire apprennent à leurs élèves, avec l'espoir que ça n'arrive plus.

Ce que nous vivons en ce moment avec Coco le virus et sa bande d'affreux super-zéros fera peut-être un jour aussi partie de l'Histoire, et sera enseigné dans les écoles aux élèves du futur.

Mais ce qui sera raconté sera différent.

On racontera que, pour une fois, l'ennemi n'était pas quelqu'un avec qui on n'était pas d'accord ou pas du même avis, mais cette petite chose invisible à l'œil nu.

On racontera que, pour une fois, tous les pays du monde ont lutté ensemble contre le même ennemi.

On racontera que les habitants de tous les pays du monde ont été courageux et qu'avec le travail de tous leurs super-héros, ils ont fini par vaincre leur ennemi commun.

Et les professeurs d'Histoire du futur qui raconteront cela à leurs élèves, leur diront aussi toutes les bonnes choses que les pays du monde et leurs habitants auront apprises pendant cette période.

Que raconteront-ils d'autre à leurs élèves ?

DUR DUR LE COCONFINEMENT

Nous vivons tous dans des cocons bien différents les uns des autres. Il y a ceux qui sont tout seuls...

... et ceux qui sont nombreux.

Ceux qui sont serrés...

... et ceux qui ont de la place.

C'est vrai que ce n'est pas juste ! On aimerait tous pouvoir profiter d'un beau jardin...

... ou au moins avoir sa chambre pour soi tout seul et s'isoler un peu quand son frère est trop pénible !

C'est vrai, c'est vrai. Mais reprends courage ! Tu peux te dire que le jour où le coconfinement se terminera, ce sera comme le jour de ton anniversaire : tu l'attends, tu l'attends...

... et il finit bien par arriver !

Et puis tu peux aussi penser à des personnes qui ont moins de chance que toi, dans leur cocon.

Alors dans ton cocon qui n'est pas parfait, regarde par la fenêtre et observe le printemps qui commence.

Le printemps, c'est la nature qui sort doucement de l'hiver, son cocon à elle, pendant lequel elle se repose.

Ce printemps, on peut dire que c'est comme si la nature se préparait à nous accueillir de nouveau, après notre coconfinement...

... plus belle qu'elle ne l'a jamais été pour nous féliciter de notre patience !

LES COCONFLITS

Vivre ensemble toutes ces journées dans un même cocon amène quelquefois à des coconflits.

Et quand ce ne sont pas les enfants, les parents s'y mettent aussi de temps en temps.

Les spécialistes disent que c'est normal.

Heureusement, ils nous donnent aussi quelques conseils pour nous aider à mieux vivre ensemble.

Oui, c'est important que chacun puisse avoir son lieu à soi. Une sorte de petit cocon de la personne dans le grand cocon de sa famille.

Alors, c'est l'occasion de construire une cabane.

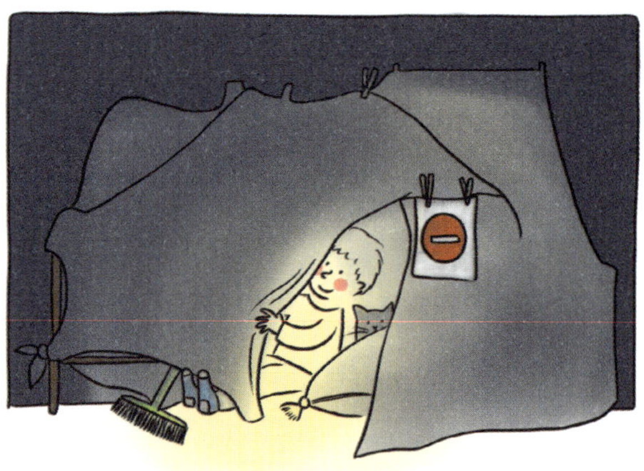

Un endroit pour toi tout seul, dans lequel tu peux inviter ton frère ou ta sœur, ton papa ou ta maman, ton chien ou ton chat… quand tu le décides !

Les spécialistes nous disent aussi qu'il est important de respecter des temps pour chacun : des moments où chaque enfant va pouvoir avoir son papa ou sa maman pour lui tout seul...

... mais aussi des moments que les parents vont pouvoir passer seuls sans les enfants !

Avec ces deux petits conseils, chacun pourra recharger ses batteries, parce que la vie en groupe, ça demande de l'énergie !

Et ce sera alors plus facile pour tous de dire ce qu'ils pensent ou qu'ils ressentent.

Moins de fatigue et plus de dialogue : voilà deux résultats qui ne supprimeront pas tous les coconflits...

... mais qui pourraient en éviter beaucoup !

LA COCOLÈRE

Oh ! la la, quelle grosse colère...

Depuis que Coco et sa bande d'affreux super-zéros ont débarqué...

... nous avons encore plus de raisons que d'habitude d'être en colère.

La colère est une émotion, comme

la joie,

la peur,

la tristesse...

C'est naturel de ressentir des émotions.

Au départ, la colère est une émotion qui n'est pas vraiment bonne bien sûr... parce qu'elle est désagréable...

... mais elle n'est pas complètement mauvaise non plus.

En fait, cela dépend de ce que tu fais de ta colère :
si elle explose d'un coup, tout de suite, ce n'est pas très agréable pour les autres...

... qui se mettront peut-être en colère à leur tour.

Si tu la gardes pour toi, tu prends le risque qu'elle explose encore plus fort, un peu plus tard...

... et ce n'est pas mieux !

En revanche, si tu vois la colère comme une occasion d'exprimer ce que tu ressens...

... elle permettra aux autres de mieux te connaître et te comprendre, et de chercher avec toi des solutions.

Alors n'aie pas honte d'être en colère de temps en temps, c'est normal. Mais si tu acceptes d'en parler avec les autres, c'est mieux !
Et puis, si crier te fait du bien :

pourquoi ne pas faire une minute de cris par jour dans chaque cocon ?

LA NATURE

Je suis la Nature et, depuis ton cocon, je t'offre de contempler mon Printemps.

Espèce humaine, j'ai un attachement particulier pour toi, parce que comme moi, tu sais créer.

Quand tu apprenais à faire naître le feu...

... j'étais là, je t'observais.

Quand tu as eu l'idée d'utiliser le vent...

... j'étais là, je t'observais.

Quand tu t'essayais à utiliser l'électricité...

... j'étais là, je t'observais.

Puis c'est allé très vite. De plus en plus vite.

J'ai rapidement été essoufflée.
Moi qui avais toujours été pleine d'énergie, je me suis fatiguée.

Mais soudain, il y a eu ce virus. Si petit, mais capable de te faire tout ralentir, toi, Espèce humaine.

Alors moi, Nature, je prends du temps pour respirer.
Dans tes villes, le bruit de ton agitation a disparu, et mes oiseaux redécouvrent la joie de chanter.

Dans les campagnes et les forêts, les voitures ne roulent plus, et mes animaux sauvages se plaisent à gambader.

Partout, Espèce humaine, tu me laisses le temps de vivre mon Printemps.

Et depuis la fenêtre de ton cocon, ou dans ton jardin, tu me trouves plus belle et vivante que jamais.

Mais, Espèce humaine, devrais-je recommencer à te suivre à toute allure quand tu sortiras de ton cocon, ou ira-t-on moins vite désormais ?

LE CONFIVERSAIRE

Cher cahier de coconfinement,

Hier, c'était mon anniversaire : j'ai eu 10 ans ! J'en suis très fière.

Depuis plusieurs jours, j'étais triste parce que je savais que cette année, il n'y aurait ni Pépé ni mes copines. Et puis finalement, cet anniversaire...

... je m'en souviendrai encore quand j'aurai 100 ans !

D'abord parce que Papa avait acheté des croissants pour le petit déjeuner.

Pour le déjeuner, il n'y avait que des choses que j'aime.

Et au moment du dessert...

Maman avait préparé un incroyable fondant au chocolat, et j'ai reçu une guitare en cadeau !

Ensuite Maman est allée télétravailler dans sa chambre. Nous, on s'est déguisés en pirates et on a fait une chasse au trésor avec Papa...

... qui s'est terminée par la découverte de 3 kg de bonbons ! Ah, on a bien rigolé.

J'ai aussi eu mes meilleures copines au téléphone. Et avant le dîner, à l'heure de l'apéro...

... on a appris à Pépé à faire un appel vidéo. Il a promis de me montrer comment il joue de la guitare quand on se reverrait.

Finalement, c'était un anniversaire différent, mais c'était super ! Parce que tout le monde m'a montré que, peu importe le coconfinement...

... ce jour, c'était mon jour.

LES ÉCRANS

Ils sont presque indispensables pendant le coconfinement, nos écrans ! Ils nous permettent de faire l'écocole…

… de faire du télétravail…

… de faire des appels vidéo…

… ou de nous distraire.

En fait, les écrans sont comme des fenêtres supplémentaires à notre cocon, que l'on peut ouvrir pour voir ailleurs.

Pour cela, ils sont une aide qui peut être précieuse pour mieux vivre le coconfinement.

Mais les spécialistes le disent : passer trop de temps devant un écran peut aussi amener des problèmes :

ne plus être capable de s'arrêter…

... avoir les yeux qui se fatiguent...

... et du mal à s'endormir...

Passer trop de temps devant les écrans n'est pas très bon pour nous. Il faut être raisonnables.

Alors, bien sûr, privilégions ces outils pour l'écocole, le télétravail, appeler Mémé, les choses indispensables... et un bon film partagé en famille.

Mais n'oublions pas que nous pouvons aussi nous distraire avec :

les livres,

les jeux de société,

les activités manuelles,

sportives...

... et tant d'autres choses!

Et quand le coconfinement sera terminé, que nous serons libres d'aller ailleurs, nous regarderons moins par ces fenêtres supplémentaires.

C'est tellement mieux de faire les choses en vrai!

LA DÉBROUILLE

Le coconfinement, c'est une occasion d'apprendre à faire des nouvelles choses : par exemple, notre pays n'a jamais eu autant d'apprentis boulangers...

Quel cocon n'a pas essayé de faire son propre pain ?

Heureusement, si le pain est trop cuit, s'il n'a pas levé ou si l'on a oublié le sel...

... on peut toujours aller chez le super-boulanger pour s'approvisionner !

Pour d'autres choses, en revanche, c'est plus compliqué.

Les responsables du pays ont demandé aux coiffeurs et coiffeuses de fermer leurs magasins.

Mais ils n'ont rien pu faire pour empêcher les cheveux de pousser !

Nos cheveux poussent d'environ 1 à 2 centimètres par mois, même pendant le confinement !

Alors, pour rester présentables, il va peut-être falloir s'improviser apprentis coiffeurs !

Pas simple... On peut s'aider de photos...

... ou de vidéos...

Et finalement, la plupart du temps, le résultat est plutôt pas mal !

Coco et sa bande d'affreux super-zéros nous obligent donc à nous débrouiller, à essayer des activités que nous n'aurions pas imaginé être capables de faire.

Et quand nous réussissons, même si ce n'est pas parfait, nous pouvons être fiers !

LA SOLIDARITÉ

Depuis que Coco et sa bande d'affreux sont arrivés chez nous, il y a des choses qui sont très compliquées, c'est vrai...

... mais il y a surtout de beaux gestes que beaucoup de personnes font pour aider les autres !

Faire des courses pour éviter à une personne fragile de sortir de son cocon...

... c'est bienveillant !

Et tous ces gens qui distribuent aux autres des masques qu'ils fabriquent eux-mêmes...

... c'est généreux !

Et ceux qui accueillent pour la journée des enfants que leurs parents ne peuvent pas garder parce qu'ils partent travailler...

... c'est courageux !

Et les inconnus qui font livrer des fleurs et des chocolats chez des soignants fatigués...

... c'est touchant !

Et ces immeubles, ces rues entières où les cocons créent des nouveaux liens les uns avec les autres, pour rire ensemble...

... faire de l'activité physique...

... fêter un événement...

... ou chanter comme des oiseaux...

... quelle merveille !

Des exemples comme ceux-là, tu en connais sûrement d'autres ; la liste est longue ! Ils montrent ce qu'est la

Nous pouvons en faire preuve dans les difficultés. Mais saurons-nous garder la même solidarité quand Coco et sa bande auront disparu ?

LES SANS-ABRI

Qu'est-il arrivé à Denis, le monsieur qui est toujours assis sur le trottoir, devant la boulangerie ?

Papa dit que Denis est un « sans-abri »,

c'est-à-dire une personne qui n'a pas de logement comme une maison ou un appartement.

Mais alors, comment Denis vit-il le coconfinement s'il n'a pas son cocon ?

Denis n'a malheureusement pas pu être accueilli dans un centre d'hébergement.

Ce sont des lieux où des gens s'occupent d'accueillir des personnes sans-abri, au moins pour le temps du coconfinement.

Denis, lui, est resté dans la rue. Heureusement, des personnes lui apportent parfois des repas...

... d'autres viennent avec du café...

... d'autres encore lui apportent des vêtements!

À chaque fois, ce que Denis apprécie beaucoup, c'est discuter un peu.

Denis reçoit aussi de temps en temps la visite d'associations qui s'assurent qu'il va bien,

et que Coco et sa bande d'affreux super-zéros ne l'ont pas rendu malade!

Espérons que beaucoup de sans-abri reçoivent les mêmes gestes de solidarité que Denis.

Les spécialistes le disent : le sport est bon pour nous. Certains sports nous aident par exemple à : dépenser notre énergie…

… maîtriser nos gestes et notre équilibre…

… découvrir le travail d'équipe…

Mais ce n'est pas tout !

Le sport aide à être de bonne humeur, à être plus détendu, à mieux dormir…

… et il fait augmenter le nombre de cellules du système immunitaire.

Je crois que l'on peut dire que le sport est donc une bonne arme contre Coco et sa bande d'affreux.

Mais dans son cocon…, comment faire ?

C'est vrai que la plupart des sports ne peuvent pas être faits dans les cocons...

Nous devons laisser de côté ces sports quelque temps.

Mais nous pouvons trouver des solutions pour faire du sport malgré tout.

Grâce à internet par exemple, nous pouvons trouver plein de conseils pour apprendre à faire de l'activité physique à la maison !

Et pour une fois, avoir un escalier à monter et descendre plusieurs fois par jour peut être considéré comme une chance...

Et puis, les responsables du pays nous permettent de sortir par exemple pour faire des courses ou pour promener le chien.

À condition de rester raisonnables et prudents, nous pouvons en profiter pour nous défouler un peu !

Alors, c'est sûr que ton sport habituel te manque, mais aie confiance :

tu pourras le reprendre un jour !

LES ViRUS

Le corps d'une personne est constitué d'un très grand nombre de petites choses invisibles à l'œil nu, que l'on appelle :

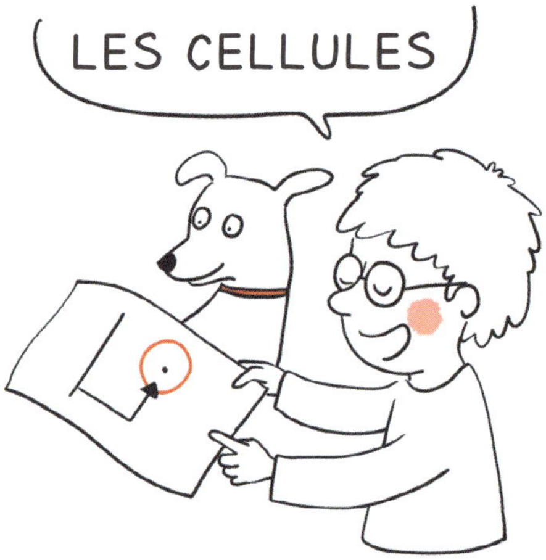

Il y a beaucoup plus de cellules dans une seule personne…

… qu'il n'y a de personnes sur la Terre (7,7 milliards) !

Les cellules sont comme des petites machines vivantes. Chacune a son métier. Elles peuvent se trouver collées les unes aux autres, comme les cellules de la peau, qui gardent la frontière entre notre corps et l'extérieur…

… ou elles peuvent circuler dans le sang, comme celles qui se chargent d'apporter l'oxygène à toutes les autres.

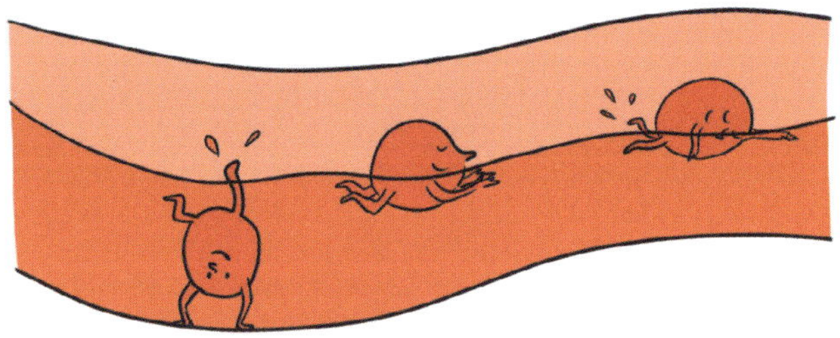

Coco, lui, c'est différent.
Ce n'est pas une cellule, c'est un virus.

Le métier d'un virus, c'est d'utiliser une sorte de clé pour entrer dans une cellule, qu'il utilise ensuite comme une machine pour fabriquer d'autres virus pareils à lui.

Mais comme ce n'est pas le vrai travail de cette cellule, malheureusement, elle finit par se fatiguer et mourir.

Coco et sa bande d'affreux, leur clé à eux leur permet d'entrer en particulier dans les cellules qui constituent les poumons…

Celles-ci se mettent alors à fabriquer plein de nouveaux affreux…

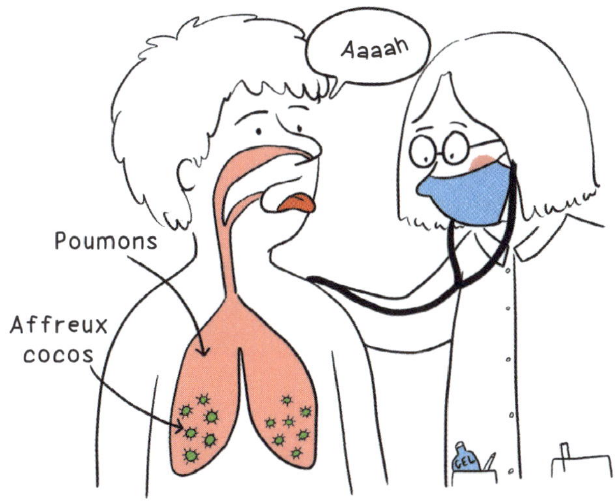

Heureusement, le corps a un moyen efficace pour chasser Coco et ses super-zéros de plus en plus nombreux. C'est le système immunitaire…

… que tu vas pouvoir découvrir en tournant la page ! En attendant, voici une belle cellule bien appliquée à faire son métier à elle. Sais-tu lequel ?

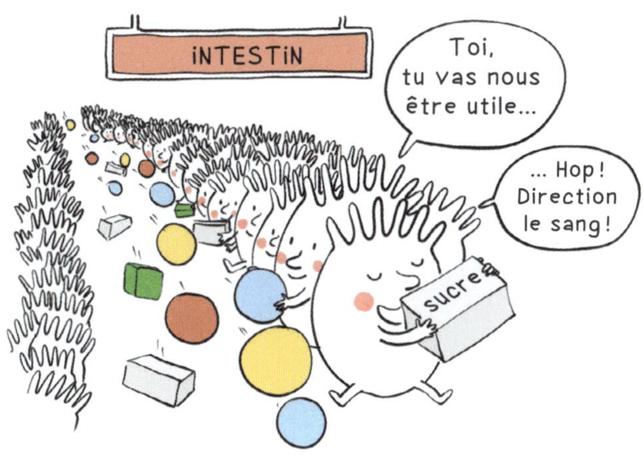

LE SYSTÈME IMMUNITAIRE

La présence d'intrus comme Coco et sa bande d'affreux virus dans le corps ne passe pas inaperçue pour une grande association de cellules, qui s'appelle :

Dans cette association, on trouve d'abord des cellules dont le métier est de repérer les intrus et prévenir les collègues...

... qui vont venir manger les affreux intrus !

Dans cette association, on trouve aussi des cellules ninjas capables de repérer les cellules dans lesquelles un affreux virus est déjà entré et qui sont occupées à fabriquer de nouveaux virus !

Et les cellules ninjas se chargent alors de les neutraliser !

Mais ce n'est pas tout !

Quelques jours après l'arrivée de Coco dans le corps, le système immunitaire est capable de fabriquer des sortes de petits outils qui vont bloquer les clés de Coco et sa bande...

... ces outils, on les appelle des anticorps !

Sans clés, Coco ne peut plus entrer dans une cellule des poumons. Il ne peut donc plus se multiplier, et finira alors par se faire manger...

... et c'est ainsi que petit à petit, la grande association du Système Immunitaire réussit à éliminer toute la bande de Coco...

... et que la personne guérit !

LES TESTS

Nous avons un moyen de savoir si une personne transporte Coco et sa bande dans son corps...

... ce sont les tests de dépistage. Pour réaliser un test sur une personne, un spécialiste prend à cette personne une petite quantité

de salive,

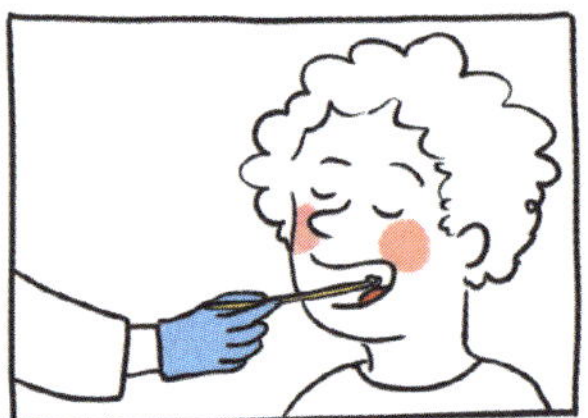

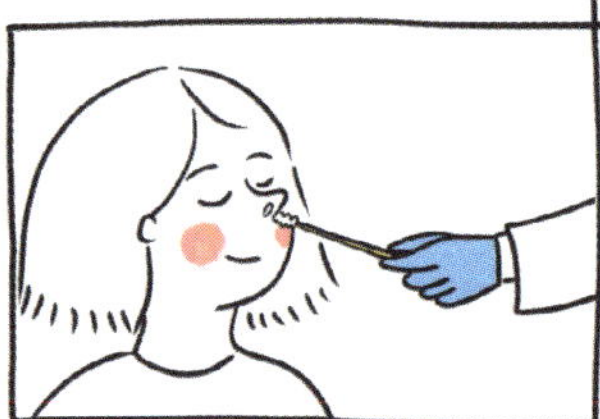

de liquide dans le nez,

ou de sang.

On dit que le spécialiste prélève un échantillon.

Il est très important de pouvoir tester des personnes parce que souvent Coco et sa bande d'affreux sont présents dans le corps de quelqu'un...

... sans que celui-ci ne se sente malade ! Ceci arrive quand la personne a un système immunitaire très fort :

C'est très bien pour cette personne, mais cela pose un problème.

En effet, le temps que Coco et ses super-zéros passent dans son corps est suffisant pour leur permettre d'atteindre une autre personne…

… dont le système immunitaire est peut-être moins fort. Elle sera alors très malade, elle.

Il est aussi intéressant de pouvoir tester des personnes dont on voit bien qu'elles sont malades…

… pour savoir si elles sont malades à cause de Coco… ou à cause d'une autre maladie !

Oui, car si la personne n'est pas malade à cause de Coco mais d'une maladie à laquelle on est déjà habitué,

la personne pourra prendre les médicaments qui existent pour soigner cette maladie !

Les tests de dépistage sont donc très importants car :

– les personnes qui transportent Coco et sa bande sans être malades sauront qu'elles doivent être encore plus prudentes ;

– les personnes qui sont malades mais pas à cause de Coco seront mieux soignées !

LES GESTES BARRIÈRES

Pour limiter le nombre de personnes qui pourraient tomber malades à cause de Coco et sa bande d'affreux, les spécialistes nous parlent toujours des

et de leur importance !

On a peut-être l'impression que c'est une liste de choses à faire très compliquées...

... ou on a peur que ce soit des barrières qui nous isolent des autres...

... alors qu'en fait, si on comprend bien à quoi ils servent,

ils sont assez faciles à respecter, et c'est entre les virus et nous qu'ils mettent des barrières !

1

Lave-toi les mains régulièrement avec de l'eau et du savon, ou avec du gel spécial. Frotte partout pendant au moins 30 secondes.

Cela détruit les virus comme Coco, si par hasard tu en as sur tes mains.

2

Évite de toucher ton visage, de mettre les doigts dans ton nez ou ta bouche.

C'est une manière en moins pour Coco de se faufiler ou sortir de ton corps.

3

Si tu éternues ou si tu tousses, fais-le dans ton coude...

... puis par précaution, va te laver les mains.

4

1 2 Si tu as besoin de te moucher, utilise un mouchoir en papier, puis jette-le tout de suite...

3 ... puis là aussi, lave-toi les mains juste après.

5

Évite de toucher les autres. Salue-les sans serrer la main et sans embrasser. Essaie de rester à plus d'un mètre de distance.

Tu t'en souviendras ? Parce que quand le coconfinement se terminera, il faudra encore sûrement continuer à appliquer les gestes barrières, même à l'école !

LES MASQUES

Coco et sa bande d'affreux sont si petits qu'ils peuvent tenir dans des gouttelettes de salive...

... que les personnes malades expulsent quand elles éternuent, toussent, et parlent.

Imagine...

Ces gouttelettes sont comme de minuscules montgolfières, qui restent un peu en l'air avant de tomber au sol.

Mais si elles ont l'occasion d'atteindre le nez ou la bouche de quelqu'un d'autre, Coco et sa bande en profitent...

... et peuvent rendre la personne malade à son tour.

Heureusement nous avons les masques ! C'est un moyen simple d'empêcher des gouttelettes de partir...

... ou d'atteindre le nez ou la bouche de quelqu'un d'autre.

Une vraie barrière anti-Coco !

Des masques, tu en as sûrement déjà vu.
Il y a ceux que l'on peut chercher
à la pharmacie ou dans des magasins...

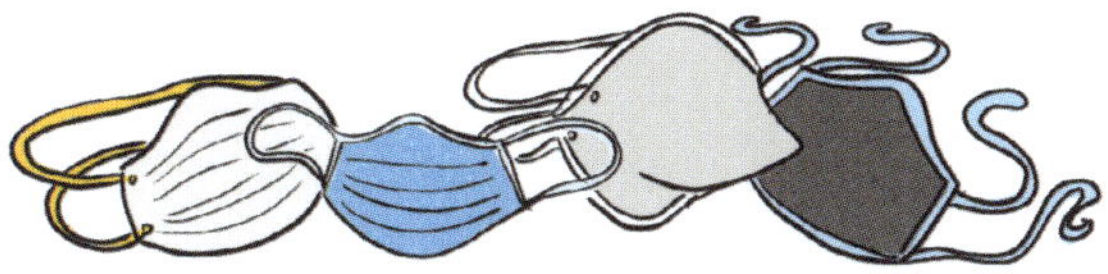

... et ceux que l'on fabrique soi-même.

Les masques que l'on fabrique soi-même
font envie parce qu'ils sont souvent
plus jolis...

Mais attention, pour être des barrières
efficaces contre Coco et sa bande,
ils ne doivent pas être faits n'importe
comment.

Ensuite, porter un masque ne doit pas
remplacer les gestes barrières que
tu connais déjà,

et il faut bien faire attention
à ne jamais toucher le masque ailleurs
que par les élastiques...

... pour ne pas récupérer sur tes doigts
Coco et sa bande, au cas où ils auraient
atterri sur ton masque !
Alors, que tu aies déjà eu l'occasion
de porter un masque ou pas,

j'espère que tu comprends mieux
maintenant à quoi il sert !

LES VACCINS

Quand un virus comme Coco arrive dans notre corps, notre système immunitaire réagit…

… et après quelques jours, le système immunitaire est capable de fabriquer des anticorps…

… ces petits outils qui vont bloquer les clés que les virus utilisent pour entrer dans les cellules.

Une fois que le système immunitaire a appris à fabriquer ces anticorps, il aura beaucoup moins de mal à combattre Coco si celui-ci revient une seconde fois.

Les spécialistes travaillent sur une autre manière d'apprendre au système immunitaire à fabriquer des anticorps anti-Coco :

ils essaient de trouver un vaccin.

Un vaccin, c'est une petite quantité de liquide que l'on met dans le corps d'une personne...

... qui contient des virus qui pourraient nous rendre malades mais que les spécialistes ont réussi à rendre non dangereux.

Comme ça, notre système immunitaire apprend à fabriquer les anticorps contre la clé de ce virus...

... sans que nous tombions malades !

Et si, un jour, on rencontre le « vrai » virus, comme notre corps sait déjà fabriquer le bon anticorps, le virus est rapidement éliminé...

... et nous ne tombons pas malades !

Nous espérons que les spécialistes trouveront bientôt un vaccin qui nous protégera de Coco et de sa bande d'affreux...

... et ce sera bien fait pour eux !

LES RESPONSABLES DU PAYS

Dans la plupart des pays vivent des miiiiillions de personnes.

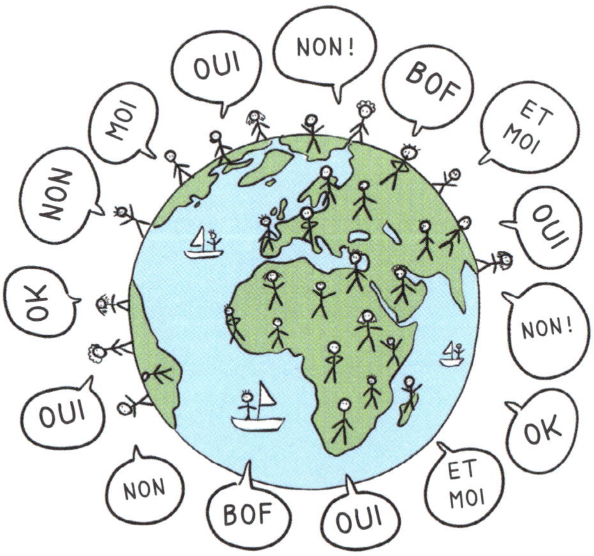

Difficile pour un si grand nombre de gens d'être tous d'accord !

Dans notre pays comme dans beaucoup d'autres, nous choisissons donc des responsables…

… qui vont se charger de prendre les décisions qui concernent toute la population.

Par exemple, ils vont décider de la vitesse à laquelle les voitures ont le droit de rouler,

ou de ce que les enfants doivent apprendre à l'école.

Prendre les bonnes décisions, ce n'est pas simple pour eux, car ils ne connaissent pas tout !

Pour éviter de se tromper, ils peuvent compter sur les conseils de spécialistes.

Ils peuvent aussi discuter avec les responsables d'autres pays, pour s'informer sur les décisions qui sont prises chez eux.

Alors, quand Coco et sa bande d'affreux ont commencé à faire parler d'eux, le coconfinement...

... et la manière d'organiser le décoconfinement...

... ont été décidés pas les responsables de notre pays, aidés par les spécialistes, et en regardant ce que font les autres pays.

On espère que les responsables de notre pays prennent toujours les meilleures décisions pour nous tous...

... même si parfois on a quand même le droit de ne pas être d'accord avec eux !

LE DÉCOCONFINEMENT

Ça y est ! Les responsables du pays l'ont dit :

le décoconfinement va pouvoir commencer. Il était temps !
Alors, allons-nous quitter nos cocons et reprendre d'un seul coup notre vie d'avant ?

Aussi rapidement qu'en se réveillant, on sort des rêves de la nuit ?

Non. Coco et sa bande d'affreux sont moins nombreux maintenant...

... mais ils n'ont pas encore complètement déguerpi !

Nos activités habituelles vont pouvoir reprendre...

...progressivement.

Il va falloir être patients.

Nous allons donc suivre attentivement les annonces que feront les responsables du pays.

Ils nous diront quand les spécialistes pensent que pourront rouvrir les écoles,

les magasins,

les restaurants, les cinémas, les musées...

... sans risquer de voir trop augmenter à nouveau le nombre de malades.

Une chose est sûre, il faudra continuer à respecter les consignes que nous connaissons déjà encore un certain temps.

Mais cela va être vraiment agréable de redécouvrir ce à quoi nous sommes attachés !

Une fleur, un arbre,

une fourmi, un crapaud

ou une baleine...

... sont des choses vivantes.
Petites ou grandes, faibles ou fortes, toutes suivent le même chemin :

leur vie commence à leur naissance...

... et se termine après un temps parfois court, parfois long, par leur mort.

Tout ce qui est vivant mourra un jour : la mort fait partie de la vie.

Seulement, il est souvent impossible de savoir quand ou comment elle viendra.

Certaines personnes meurent parce qu'elles sont devenues très très vieilles...

... mais d'autres meurent par exemple après un accident...

… ou à cause d'une maladie grave.

Justement : Coco et sa bande d'affreux ont rendu malade beauuuuucoup de monde, et parmi ces personnes, certaines sont malheureusement mortes.

Oui, les spécialistes expliquent que, pour des personnes un peu plus fragiles à cause de leur âge ou d'une autre maladie qu'elles ont déjà,

la maladie de Coco peut devenir très grave.

Et malgré tous les soins qu'il est possible de recevoir à l'hôpital,

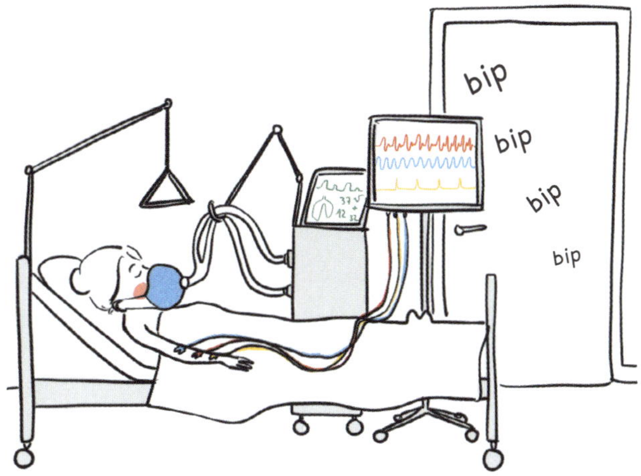

c'en est parfois trop pour le corps de ces personnes…

Alors, quelque part dans la machine extraordinaire et complexe qu'est leur corps, quelque chose arrête de fonctionner…

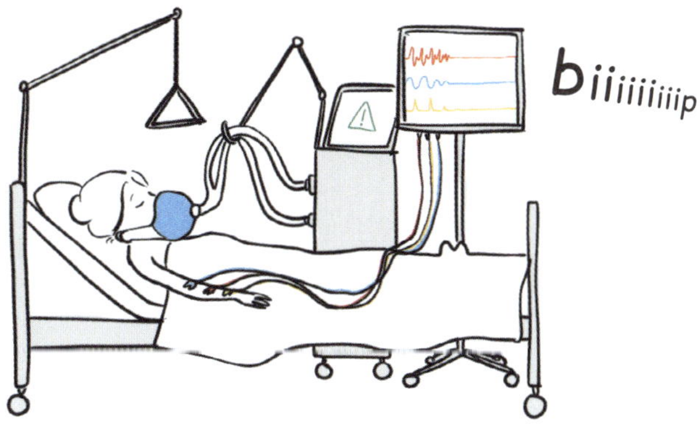

… et c'est ce qui fait qu'elles meurent.

Connais-tu une personne qui est morte à cause de la maladie de Coco ?

Quand on apprend la mort de quelqu'un que l'on connaît, au début on peut avoir du mal à y croire.

Puis, petit à petit, on comprend que c'est pourtant vrai, et que les choses ne seront plus comme avant.

Alors, nous nous sentons très tristes, parfois bien plus que nous ne l'avons jamais été.

Si tristes que cela peut faire pleurer même des adultes.

Oui, une personne que nous aimons nous manque terriblement quand elle meurt.

La personne n'est plus là, mais elle nous laisse tous les souvenirs de ce que nous avons partagé avec elle.

Parler de ces souvenirs pourra être une façon de continuer à faire vivre cette personne...

... dans nos cœurs.

Chacun est libre de croire aussi que, peut-être, malgré sa mort, la personne existe encore quelque part ?

Que l'on y croie ou que l'on n'y croie pas, il est possible de dire, dans sa tête ou à voix haute, des choses à cette personne,

de lui faire des dessins ou de lui écrire des lettres.

Cela peut nous faire du bien.

Enfin, avec le temps, nous apprendrons à vivre malgré le vide que laisse cette personne dans notre vie.

Ce sera une vie différente mais dans laquelle nous vivrons à nouveau de belles choses.

UNE DRÔLE DE RENTRÉE

À l'école, nous apprenons beaucoup de choses. Apprendre, c'est important pour grandir.

Pour permettre à notre pays de s'organiser et empêcher Coco et sa bande d'affreux de rendre malades trop de gens,

nous avons dû rester chez nous. Grâce aux maîtres et aux maîtresses qui nous ont fait la classe par internet,

et grâce au temps que nos parents ont passé avec nous,

nous avons pu continuer à apprendre. Mais le déconfinement avance et que cela leur plaise ou non...

... un jour ou l'autre, les enfants devront retourner à l'école !

Alors, comme Coco et sa bande feront encore parler d'eux un certain temps,

les spécialistes vont nous demander de respecter les consignes que nous connaissons déjà,

et il y aura sûrement des choses qui seront différentes en classe.

Peut-être qu'au début cela nous fera drôle...

... mais les maîtres et les maîtresses seront là pour nous rassurer !

Et puis ce que nous avons vécu leur a certainement donné des idées...

... sur de nouvelles leçons passionnantes à nous apprendre !

LE PANGOLIN

Le pangolin est un animal étonnant : il fait à peu près la taille d'un chat,

son corps est en grande partie couvert d'écailles,

et il est capable de marcher sur deux pattes...

Il habite l'Afrique et une partie de l'Asie.

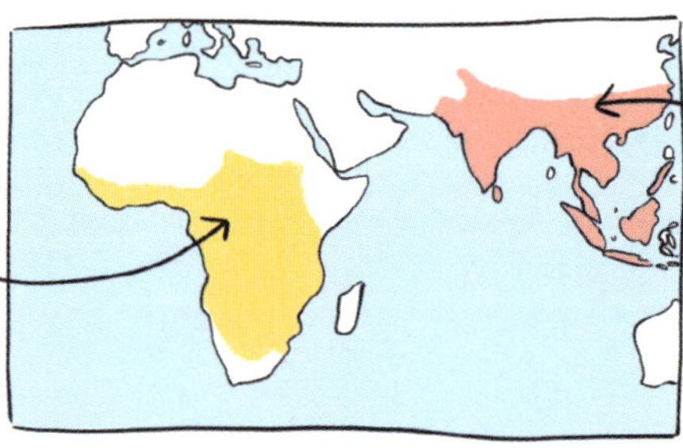

Il vit seul, il est inoffensif, il se nourrit de fourmis.

Discret, il préférerait sûrement qu'on ne parle pas tant de lui...

... mais le pauvre, il est connu dans le monde entier pour deux choses...

La première, c'est que, parmi tous les animaux qu'il est interdit de chasser parce qu'ils sont rares,

c'est celui qui est le plus capturé par les bandits hors la loi.

Tout ça parce que dans certains pays, des gens croient que ses étranges écailles sont un médicament…

Ils sont donc prêts à payer très cher pour s'en procurer ! Beurk…

La deuxième chose qui fait du pangolin une célébrité, c'est que les scientifiques pensent qu'il est possible qu'avant que nous le connaissions,

Coco le virus était présent dans l'un de ces pangolins capturés.

Ce pourrait être par ce pangolin qu'une première personne aurait attrapé le virus,

et c'est ainsi qu'aurait commencé la longue histoire de Coco, sa bande d'affreux, et les hommes.

Alors le pangolin, il n'y est pour rien. Ce n'est pas de sa faute. Nous aurions dû le laisser tranquille.

Aura-t-il la paix maintenant ?

LES VAGUES

Assez souvent, dans les médias ou dans les discussions d'adultes, nous entendons parler de Coco et sa bande d'affreux…

… et de vagues.

Est-ce que les virus aiment le surf ?

Pas du tout ! C'est autre chose.

Depuis que Coco et sa bande ont commencé à faire parler d'eux,

les spécialistes comptent tous les jours le nombre de personnes malades.

Au début, il y en avait très peu,

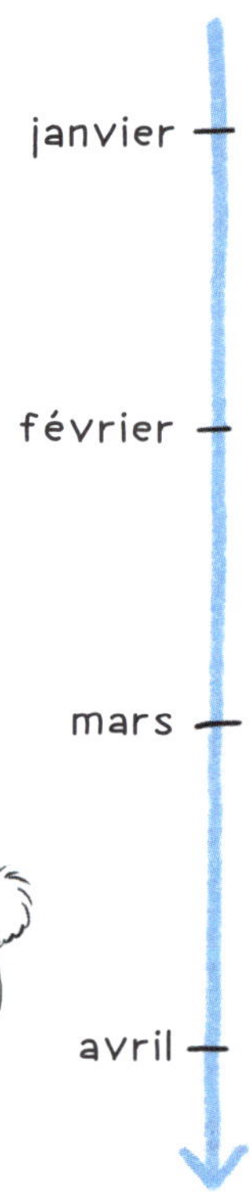

puis un peu plus,

puis vraiment plus,

puis beaucoup…

Mais ensuite, heureusement, parce que le coconfinement a été efficace

et parce que nous respectons bien les gestes barrières,

il y a eu de moins en moins de malades.

Voilà ce qu'on appelle une vague quand on parle de Coco :

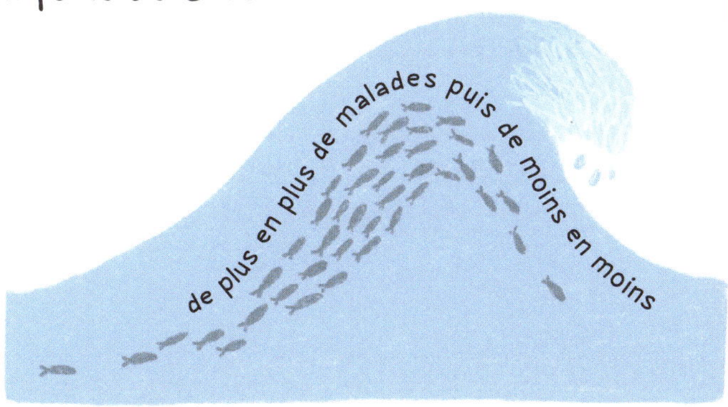

Et si les gens disent qu'une seconde vague pourrait arriver…

… c'est parce que, avec le décoconfinement qui continue,

nous ne savons pas si le nombre de personnes malades ne va pas recommencer à augmenter.

Alors, les spécialistes surveillent cela de près,

et le décoconfinement avance avec prudence.

Direction de la publication : Sophie Chanourdie
Édition : Marie-Claude Avignon
Responsable artistique : Guillaume Dupont
Mise en pages : Pascale Darrigrand
Illustration de couverture : Marguerite de Livron
Correction : Agnès Duhamel
Fabrication : Rebecca Dubois

21, rue du Montparnasse 75006 Paris

ISBN : 978-2-03-599840-8
Photogravure : Chromostyle
Imprimé en France par Pollina (Luçon) - 94513
Dépôt légal : octobre 2020
326902-01 - 11045246 - juillet 2020

Aux bénévoles qui ont œuvré à nos côtés.
Aux parents et professionnels qui ont accompagné les enfants.
À notre famille.

P. et M. de Livron